MES AMIS LES ANIMAUX DU ZOO

LES SINGES

AMY CULLIFORD

Un livre de la collection
Les racines de Crabtree

CRABTREE
Publishing Company
www.crabtreebooks.com

Soutien de l'école à la maison pour les parents, les gardiens et les enseignants

Ce livre aide les enfants à se développer grâce à la pratique de la lecture. Voici quelques exemples de questions pour aider le lecteur ou la lectrice à développer ses capacités de compréhension. Les suggestions de réponses sont indiquées en rouge.

Avant la lecture

- De quoi ce livre parle-t-il?
  - *Je pense que ce livre parle des singes.*
  - *Je pense que ce livre parle de ce que les singes aiment faire.*

- Qu'est-ce que je veux apprendre sur ce sujet?
  - *Je veux savoir ce que les singes mangent.*
  - *Je veux apprendre à quoi ressemblent les différents singes.*

Pendant la lecture

- Je me demande pourquoi...
  - *Je me demande pourquoi les singes aiment s'asseoir dans les arbres.*
  - *Je me demande pourquoi les singes aiment jouer.*

- Qu'est-ce que j'ai appris jusqu'à présent?
  - *J'ai appris que les singes aiment sauter.*
  - *J'ai appris que les singes mangent des fruits.*

Après la lecture

- Nomme quelques détails que tu as retenus.
  - *J'ai appris que les singes peuvent être de différentes grandeurs.*
  - *J'ai appris que certains singes s'assoient dans les arbres.*

- Lis le livre à nouveau et cherche les mots de vocabulaire.
  - *Je vois le mot **singe** à la page 3 et le mot **arbres** à la page 6. L'autre mot de vocabulaire se trouve à la page 14.*

Voici un **singe**.

Les singes peuvent être grands ou petits.

Certains singes s'assoient dans les **arbres**.

Certains singes sautent.

Certains singes jouent!

Tous les singes mangent des **fruits**.

Liste de mots

Mots courants

certains
jouent
sautent
dans
ou
tous
être
peuvent
voici

La boîte à mots

arbres

fruits

singe

28 mots

Voici un **singe**.

Les singes peuvent être grands ou petits.

Certains singes s'assoient dans les **arbres**.

Certains singes sautent.

Certains singes jouent!

Tous les singes mangent des **fruits**.

![CRABTREE Publishing Company]

Autrice : Amy Culliford
Conception : Rhea Wallace
Développement de la série :
James Earley
Correctrice : Janine Deschenes
Conseils pédagogiques :
Marie Lemke M.Ed.
Traduction : Annie Evearts
Coordinatrice à l'impression :
Katherine Berti
Références photographiques :
Shutterstock : wanphen : couverture; tratong : p. 1; Anut21ngPhoto : p. 3, 14; Anna Hoychuk : p. 5; Henner Damke : p. 5b; Roxane134 : p. 7; Sergey Uryandnikov : p. 8-9; Nazzus : p. 11; Dailynockout : p. 12

MES AMIS LES ANIMAUX DU ZOO

LES SINGES

Crabtree Publishing Company

www.crabtreebooks.com 1-800-387-7650

Publié aux États-Unis
Crabtree Publishing
347 Fifth Avenue
Suite 1402-145
New York, NY, 10016

Publié au Canada
Crabtree Publishing
616 Welland Ave.
St. Catharines, Ontario
L2M 5V6

Imprimé au Canada/062021/CPC

Catalogage avant publication de Bibliothèque et Archives Canada

Titre: Les singes / Amy Culliford ; texte français d'Annie Evearts.
Autres titres: Monkeys. Français.
Noms: Culliford, Amy, 1992- auteur.
Description: Mention de collection: Mes amis les animaux du zoo | Les racines de Crabtree | Traduction de : Monkeys. | Comprend un index.
Identifiants: Canadiana (livre imprimé) 20210272473 | Canadiana (livre numérique) 20210272481 | ISBN 9781039607606 (couverture souple) | ISBN 9781039607668 (HTML) | ISBN 9781039607729 (EPUB) | ISBN 9781039607781 (livre numérique avec narration)
Vedettes-matière: RVM: Singes—Ouvrages pour la jeunesse. | RVMGF: Documents pour la jeunesse.
Classification: LCC QL737.P9 C8514 2022 | CDD j599.8—dc23